You're a Star:
A Child's Guide to Self-esteem

了不起的你

迈出挑战的第一步

(英)波皮·奥尼尔(Poppy O'Neill)　著

蔺秀云　张姗姗　徐慧　译

全国百佳图书出版单位

化学工业出版社

·北 京·

You're a Star: A Child's Guide to Self-esteem by Poppy O'Neill
ISBN 9781786852359

北京市版权局著作权合同登记号：01-2021-5509

图书在版编目(CIP)数据

迈出挑战的第一步 / （英）波皮·奥尼尔（Poppy O'Neill）著；蔺秀云，张姗姗，徐慧译. —北京：化学工业出版社，2022.4（2023.5重印）

（了不起的你）

书名原文：You're a Star: A Child's Guide to Self-esteem

ISBN 978-7-122-40602-6

Ⅰ.①迈…　Ⅱ.①波…②蔺…③张…④徐…　Ⅲ.①心理健康-健康教育-少儿读物　Ⅳ.①G444-49

中国版本图书馆CIP数据核字（2022）第007103号

责任编辑：赵玉欣　王　越　　　　　　　　装帧设计：尹琳琳

责任校对：宋　玮

出版发行：化学工业出版社（北京市东城区青年湖南街13号 邮政编码100011）

印　　装：中煤（北京）印务有限公司

880mm×1230mm　1/24　印张 5¾　字数152千字

2023年5月北京第1版第2次印刷

购书咨询：010-64518888　　　　售后服务：010-64518899

网　　址：http://www.cip.com.cn

凡购买本书，如有缺损质量问题，本社销售中心负责调换。

定　　价：29.80元　　　　　　　　　　版权所有　违者必究

序

我自己抚养两个女儿的经历，以及与众多年轻来访者一起工作的经验，不断提示我：自尊问题对儿童和青少年的健康和幸福具有重大影响。对儿童来说，意识到并了解自己的内心世界，再找到方法建立或重建与自己的健康关系，是无价之宝。这个过程既能为他们的日常体验提供支持，又有助于形成良好的行为模式——它们可以一直伴随着儿童，并被带入青春期和成年后的生活。

波皮·奥尼尔撰写的《迈出挑战的第一步》是一本很棒的练习手册。这本书通过简单的方法、有趣的角色和易于实践的练习吸引儿童，帮助他们理解什么是自尊，感知自己的情绪，并通过这个过程清楚地看到、关注自身已经具备的优势和资源，同时使他们能够在简便易行的步骤中尝试新的行为。这本书还帮助孩子们理解和重视自己与其他人的独特性，识别什么是真正的友谊；探讨身体形象等重要话题，其中包括健康的生活方式对幸福的重要性；也对舒缓的正念练习进行了介绍，通过身体和感官与当下的体验建立连接，从而了解并学习如何轻松地获得内心深处的平和与幸福。

　　我强烈推荐父母使用这本非常有效的工具手册，它可以帮助孩子更好地理解自己，并以自信和自尊的方式克服、超越困难，成为闪闪发光的自己。

阿曼达·阿什曼-维姆普思（Amanda Ashman-Wymbs）
心理咨询师、精神分析师

目 录

写给父母的话

这本实用指南将儿童心理学家使用的、经过验证的认知行为疗法与易操作的练习相结合，来帮助孩子提高自尊。你可能发现，自家的孩子似乎比其他孩子更内敛，或者认为自己"不够好"，不太愿意参加各种活动。有时，无论你怎么鼓励，就是无法让他们相信自己。这其实是自尊的问题——自尊与别人的看法无关，只与一个人如何看待自己有关。

这本书主要面向 5 ～ 12 岁的儿童，这个阶段会发生很多对自我价值感产生影响的事件。这些事件不仅对当前年龄阶段有影响，也会对之后的成长产生影响。当儿童与亲密朋友建立起友谊时，他们将发展出更强的自我意识，并且开始拿自己的吸引力与他人进行比较；他们也可能会开始使用社交媒体，并第一次感受到同伴的压力；他们会经历青春期的早期阶段并体验随之而来的情绪波动——有些时候，他们在成长过程中会遇到困难，这很正常。而对于一些孩子来说，这些困难可能会影响他们的自尊。

所以，如果你觉得孩子可能正在经历低自尊的痛苦，你并不孤单。

低自尊的信号

以下这些信号可以帮助我们确定孩子的自尊水平。无论是日常生活还是在某个特定情境下，这些信号都有可能会出现：

★ 自我批评，他会说"我不擅长这件事""每个人都比我好"，等等；

★ 认为自己会失败，因此不喜欢挑战；

★ 很难接受赞扬和批评，对别人对自己的看法非常敏感；

★ 认为自己无法与同龄人比肩，因此失去了对学校和成功的兴趣；

★ 情绪容易波动；

★ 来自同龄人的压力对他影响很大；

★ 控制欲变强，以掩饰自己的无力感和低自我价值感。

记日记可以让我们发现，这些行为是否总发生在特定的情况下（比如某项活动让孩子特别不知所措，或者某个人让孩子感到不安），这样就可以更好地为帮助孩子做准备。

请记住：无论何时开始帮助孩子提升自尊都不晚。

父母如何影响孩子

我们对孩子说的话以及说话的方式，对他们如何看待自己影响巨大。当孩子表现出低自尊时，我们有时会觉得应该多夸奖他们以提升他们的自尊水平；但是过于频繁的夸赞以及针对一些微不足道的成绩进行夸赞，会促使他们降低对自己的要求，以获得更好的自我感觉——这是没有好处的。

如果想解决问题，我们需要和孩子沟通，找到低自尊的原因，并明确正在面临的问题究竟是什么——是为数学而苦恼，还是有人在课堂上苛责他，又或是觉得自己不如其他人有吸引力？在某个问题出现时与孩子讨论，允许他表达自己的感受，帮助他采取积极措施，予以陪伴，引导他在这个过程中提高解决问题的能力。为了成长为一个自信、具有良好自尊的人，孩子需要学习如何处理问题，并掌控伴随问题出现的负面情绪。

如何使用这本书

指导孩子每次只做一个练习，每周一次或每隔几天一次。特别提醒：让孩子按照自己的节奏独立完成练习是非常重要的。这是因为通过发展独立性，他们同时也建立了自尊。设计

这些练习的目的是通过帮助孩子认识并欣赏自己的长处、独特性以及是什么让他们与众不同，使他们对自己做出思考并提升自尊。当孩子对自己感觉很好的时候，他们就有更大的潜能来面对日常生活中的挑战。要让孩子意识到他可以获得你的支持，同时帮他养成独立处理问题的习惯。

希望这本书对你和孩子都有所帮助，让你们能够更好地理解自尊是什么以及如何提升自我价值感和自信心。但是，如果你对书中没有提及的孩子的心理健康问题非常担心，那么心理医生是你寻求进一步建议的最佳人选。

写给孩子的话

如果你经常面临以下情况，这本书很适合你：

★ 与其他人相比，你认为自己不够好；

★ 认为自己某件事做得不够好，或者做某件事可能会失败；

★ 不想竭尽全力；

★ 因为担心出错，即使是有趣的活动也不想参加。

你可以改变对自己的感觉，你有能力改变它，你可以变得更好！这本书中的练习会引导你更积极地看待自己，让你更勇敢、更自信。

书中也许会有一些内容让你想和一位可信赖的成年人聊一聊。这个人可能是你的妈妈、爸爸、哥哥、姐姐、爷爷、奶奶、阿姨、叔叔、隔壁邻居、某位老师，或者任何你熟悉并让你觉得和他聊天很舒服的大人。

你可以按照自己的节奏阅读这本书，不必急着读完——它是关于你的，是把有关你的一切记录下来的最佳地点，所以这里没有错误答案。你就是自己的专家。

准备好了吗？那就让我们开始吧。

你好，我是博普，跟我一起来读这本书吧！书中有很多可以玩的练习和游戏，还能让你获得一些很棒的点子。所以，让我们快点开始吧！

你眼中的自己什么样?

你也许听大人们谈论过"自尊"。自尊不是能被看到或触摸到的东西，但我们能感觉到它，它非常强大。

自尊到底是什么？自尊是我们看待自己的方式，它可以高也可以低——如果你觉得自己很好，对自己的能力充满信心，这就是高自尊；如果你觉得自己不好，对自己的能力没有信心，那就是低自尊。每个人都会有觉得自己糟糕的时候，这时，重要的是思考如何解决让我们感觉不好的问题，然后向前看，这样就能再次感到快乐。有时说起来容易做起来难，这本书将帮助你找到方法，来保持良好的感觉，并能应对那些让你沮丧的事情。

练习：介绍一下自己吧

让我们从了解你开始。你喜欢什么？不喜欢什么？请填写下面的方框。

我的名字是：

三个可以形容我的词：

长大后我想成为：

我很擅长：

我的家人是：

我喜欢玩：

即使你不开心，你仍然是与众不同和独一无二的！在下面的每个气泡中，写下或画出你擅长的事或喜欢自己的地方：

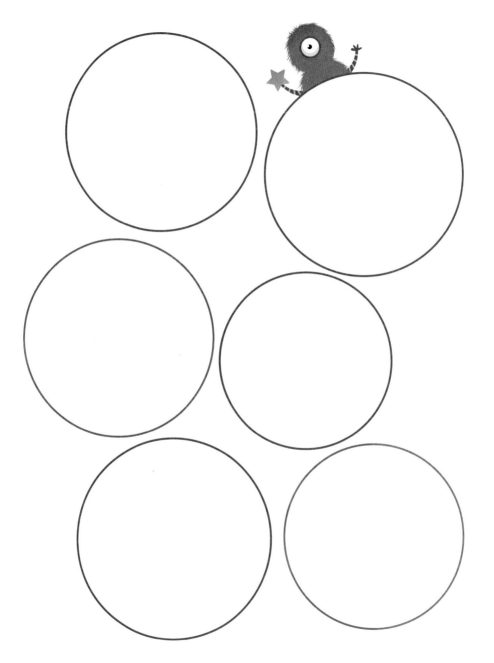

练习：看看我的百宝箱

对你来说，什么是很重要的？你能画出（或写下）你爱的人、你喜欢做的事以及你在努力做的事吗？

有很多事情会影响自尊，包括：

★过去的经历给你留下的快乐或悲伤的记忆（比如一个快乐的假期，或被欺负的时候）；

★别人的行为和话语（比如老师评价你的作业"完成得很出色"，或者被朋友忽视）；

★我们自己的想法（比如认为"我能做到！"或者"这太难了，我不敢尝试"）。

来评估一下你的自尊水平吧

高自尊的感觉是这样的：

★ 常常很快乐；

★ 感觉自己是个好人；

★ 相信自己；

★ 期待美好的未来；

★ 喜欢周围的世界；

★ 充满活力和希望；

★ 相信自己有能力改变生活中的事情；

★ 乐于与他人合作；

★ 对每件发生的好事感到快乐，不管它有多小；

★ 想各种办法把事情做好；

★ 鼓励他人；

★ 尊重他人以及自己的与众不同；

★ 承认自己会犯错，并且能够从错误中学习。

而低自尊的感觉是这样的：

★ 常常不快乐；

★ 总感觉自己在某些方面不如别人做得好；

★ 总是不相信自己；

★ 感觉未来没有希望；

★ 总是看到周围不好的事情；

★ 觉得坏事总发生在自己身上；

★ 大部分时间感觉很累；

★ 除了发呆什么也不想干；

★ 即使被表扬，也觉得自己不如别人；

★ 总是看到每件事最不好的一面；

★ 不尊重自己。

练习：现在感觉怎么样

我们的自尊水平有时高一些，有时低一些，这取决于当时的感觉或者在特定情境下正在做的事。

你的自尊处在什么位置？在下面的表盘上画出它的指针：

低自尊

高自尊

提升自尊帮我们战胜糟糕的感觉

改变看待自己和周围世界的角度，用更积极的方式思考，可以让我们感觉更好，进而提升自尊。

自尊高意味着即使发生了让人沮丧的事情，仍然相信自己。自尊低意味着否定自己，就算好事发生，也很难从中获得快乐。

例如，老师要求博普站起来大声朗读一个故事。博普担心自己会出错。

如果博普正处于高自尊，那么他的想法可能会是这样的：

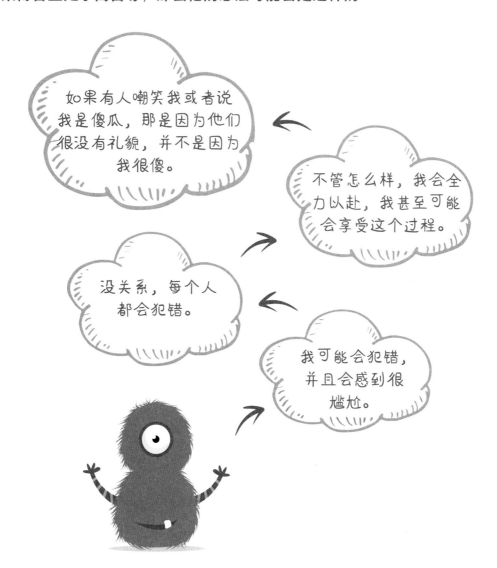

如果有人嘲笑我或者说我是傻瓜，那是因为他们很没有礼貌，并不是因为我很傻。

不管怎么样，我会全力以赴，我甚至可能会享受这个过程。

没关系，每个人都会犯错。

我可能会犯错，并且会感到很尴尬。

如果博普正处于低自尊，那么他的想法可能会是这样的：

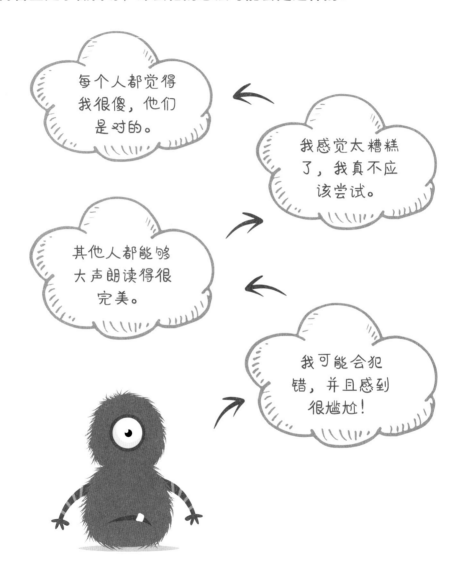

每个人都觉得我很傻，他们是对的。

我感觉太糟糕了，我真不应该尝试。

其他人都能够大声朗读得很完美。

我可能会犯错，并且感到很尴尬！

博普担心被同学嘲笑……博普不想朗读！博普现在正处于低自尊之中。
博普的低自尊从何而来？请选择（　　　）

 博普的老师

 其他同学

 博普如何看待这种情况以及如何设想即将发生的事

答案是 C！博普感觉很糟而且不敢尝试，是因为博普一直想着会有坏事发生。

如果我尝试了，一定会有坏事发生，我最好还是别试了。

那么怎么才能提升博普的自尊呢？请选择（　　　）

 A 永远不要要求博普在课上朗读

B 把袜子塞进同学嘴里，这样他们就没法嘲笑博普了

C 改变博普对大声朗读的想法和感觉

答案还是 C！如果博普再也不朗读了，他的自尊就没有机会发展了。自尊会一直停在那里，甚至更低。况且，把袜子塞到同学嘴里是非常不友善的。

在下一章，我们将通过改变想法、感觉和行为，去看看提升自尊和保持高自尊的办法。

闷闷不乐怎么办？

"情绪"是感觉的另一种说法。最常见的四种情绪是：

我们还有更多其他情绪！我们用身体感觉情绪——它可能是很小和很安静的，也可能是很大和很吵闹的。有些情绪让人感觉很好，有些让人感觉不太好。每个人都有情绪，但不是所有人都总会把情绪表现出来。

有时，我们会觉得整个身体好像都被情绪占据了，这可能带来不太好的感受和想法。

无论你感觉到什么都没关系，哪怕是悲伤和愤怒。事实上，感觉是会变化的，不会持续很久；它会穿过你的身体，就像云朵穿过天空一样。

练习：给我的心情画幅画

你能描述出或画出你的感觉吗？你可以把感觉想象成某一种天气（比如晴天、多云、雨天），或者某一种形状，又或者是某一种颜色、动物、外星生物吗？找到一种最贴切的方式，把它描述出来或者画出来。

我感觉……

现在你有了一幅关于自己心情的图画，想象一下，现在你就坐在它旁边，静静地观察和倾听这些情绪，看看会发生什么。

　　画出或者描述出你的情绪可以帮助你理解自己的感受。如果你画了一个黄色的大太阳，说明你现在可能很快乐；如果你画的是一些令人恐惧或者不开心的画面，比如风暴、乌云，说明你很可能在某些方面感觉不太好——那现在正是时候，去和一位值得信任的大人谈谈你的感受吧！

前面我们已经学习了高自尊和低自尊的感觉，现在让我们把低自尊扔进垃圾桶，开始感受精彩的自己吧！

低自尊

练习：什么让你感觉很不错

每个人喜欢的事情是不同的。什么让你觉得自己很不错？（比如和好朋友在一起、骑自行车……）把它写下来或画下来：

你能每天做其中的一件事吗？

练习：什么让你感觉很糟糕

什么让你觉得自己很糟糕？（比如被同伴排斥、上不喜欢的课……）把它写下来或画下来：

不开心时，做下面的事，会让我们感觉好一些。

★ 无论天气如何，到户外走走：看一看树影晃动，闻一闻空气的味道，在水坑里跳一跳，收集一些奇形怪状的叶子。

★ 科学家发现微笑可以让人感觉更好，因此即使并不开心，也要笑一笑。

★ 把一摞书按照书名的拼音首字母排序，或者把它们按颜色整理好。

★ 和父母一起去公园。

★ 绘画、涂色或者制作拼贴大杂烩，可以使用珠子、粉笔、硬纸板——总之，充分发挥你的想象力！

★ 做运动——比如蛙跳或者骑自行车。

★ 听一些欢快和轻松的音乐。

★ 阅读。

你现在正在想什么？花一点时间关注头脑中的想法。按照下面的方式把它们写出来：

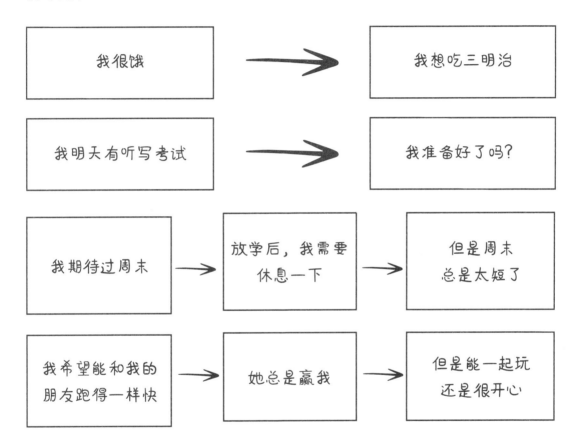

有时，写写画画就能让感觉好一些，这就像是把想法从脑海中转移到了纸上。写完后，你可以自己保存好，也可以给你信任的人看，或者揉成一团扔进垃圾箱。

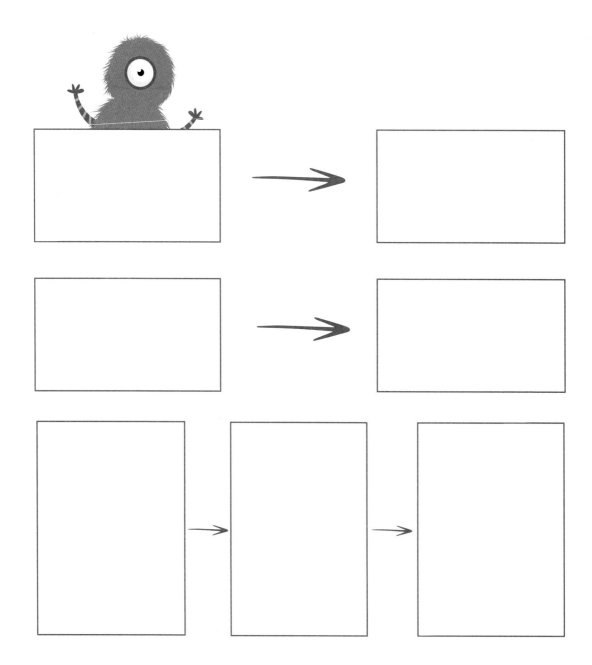

练习：专心地体会现在的感受

正念意味着关注正在发生的事情，以及我们此时此刻的感受。它可以帮助我们感到更平静，是一种平复激烈情绪或复杂感觉的好方法，因此很多人每天都使用正念。如果你现在感觉自己的自尊水平有些低，可以通过正念来重新找回平和、冷静和自由。

你可以随时使用下面的方法练习正念！

闭上眼睛，把一只手放在肚子上。深呼吸，专注于你的手，随着呼吸起伏。

当你吃东西的时候，试着关注品尝到的所有味道和口感，并用舌头去感觉它们。关注自己吃完后肚子的感觉。

下雨的时候，花点时间感受雨滴落在皮肤上的感觉。雨滴凉吗？是又大又圆的雨点，还是有点扎人的毛毛雨？

光着脚，感受脚下的地面。你能感觉到它的凹凸吗？它是暖的还是凉的？是硬的还是软的？你还能找到其他的词语形容它吗？

希望这些练习能够帮助你感觉平静，并增强对情绪的掌控能力。和其他事情一样，练习得越多，正念就会变得越容易、越有用。

烦躁不安
怎么办？

我们每个人的脑海里都有一个小小的声音来告诉我们自己是怎样的。自尊高的时候，这个小小的声音是善良和公平的；但自尊很低的时候，这个声音可能会不友善，从而让我们相信那些关于自己的不真实的事情。

　　你有能力改变这个小小的声音。

练习：揪出让我不愉快的想法

击败不愉快想法的第一步是发现不愉快的想法是什么。下面是一个想法清单——如果你觉得自己也有这种想法，就在它后面打钩：

不愉快的想法

没有人喜欢我。 ☐

我很无趣。 ☐

我很难看。 ☐

我总是失败。 ☐

坏事总是发生在我身上。 ☐

只有保持完美才会使我快乐。 ☐

如果人们了解我，他们就会不喜欢我。 ☐

我是个糟糕的人。 ☐

练习：侦探游戏——哪些想法是真的

现在我们要成为侦探了。挑选你在上一页中打钩的一个不愉快的想法。我们要寻找事实来证明它是错的！

为了做好这个练习，你可以问问自己这些问题：

★ 我对自己的想法合理吗？比如，认为自己应该是完美的，这不合理。

★ 这样想对我自己有帮助吗？比如，在尝试之前就认为自己会失败，这种想法对我没有任何帮助。

★ 这会是真的吗？比如，我的朋友们并不是都暗地里讨厌我。

★ 这符合事实吗？比如，"我很难看"并不是事实。

★ 哪些事实证明这个想法是错的？

★ 我会对我的好朋友说这些想法吗？

你可以把自己的答案用类似这个表格的方式呈现出来。

想法	证明想法是错的	这个想法对吗？
我很无趣	我有很多好朋友，他们喜欢花时间和我在一起	错的！

不愉快的想法可以随时出现，并毁掉我们的一整天。因此，我们要学习如何战胜它们，并且将它们转变成充满希望的想法。

　　有时不愉快的想法不知道是从哪儿冒出来的，有时它们来自我们过往的经历。如果我们曾经在某些事情上犯过错，就可能认为错误会再次发生，重拾勇气、再试一次会很难。

　　但是，没有人能在第一次尝试时就做到样样完美。每个人在开始的时候都是新手，练习次数越多，事情就会变得越容易、越有趣。

练习：给错误的想法贴标签

当我们的大脑用惊慌和混乱的方式回应糟糕的感觉时，自尊就会降低——这被称为思维谬误，它有很多不同的类型。

★绝对化思维：如果某件事不完美，我就彻底失败了。

★过分概括：如果一件事出错了，一切都会错的。

★聚焦于不好的事：如果一件事情出错了，哪怕别的事情做对了，我也只会想到出错的事。

★未卜先知：我知道我会失败。

★读心术：我知道每个人都觉得我很不好。

★糟糕至极：一个错误会毁掉一切。

★夸张思维：我身上最明显的特点就是我不喜欢自己的那些地方，而我喜欢自己的地方并不重要。

★消极对比：我的朋友各个方面都比我强。

★不现实的预期：我应该事事做到完美。

★贬低自己：我是个失败者。

★指责自己：一切都出了问题，这都是我的错。

★把感觉当成事实：我觉得自己很丑，所以我肯定是很丑的。

★指责他人：要是别人对我更友善，我会是一个更好的人。

这些声音听起来像是你的自言自语吗？把你熟悉的想法圈出来。

我们在思考每一件事的时候，都不止有一种方法，改变思考方式有助于提高自尊。

★ 博普想学习骑自行车，但是他发现这很困难。博普看到一位朋友骑着自行车很开心地呼啸而过，他想："我太愚蠢了，我永远也不可能学会——我放弃！"

★ 博普不敢尝试，他担心不能很快学会骑车。但他没有看到，朋友在最初学习骑车时也摇摇晃晃，经常摔倒。

★ 博普可能会放弃，同时错过了获得乐趣和学习新东西的机会。

★ 博普也可能把不愉快的想法变成希望：我可以不断尝试，在我需要的时候可以请求朋友帮助。

把不愉快的想法变得充满希望，秘诀在于找到解决问题的办法。你可以这样做：

我说了什么？	我真实的想法是什么？	翻转它！
我很愚蠢	我不明白怎么做	我可以求助
这很无聊	这可能很棘手	我可以一次只尝试一部分
我做不到	我担心自己能力不够	我可以尽力而为 并寻求帮助
我不擅长这件事	我以前试过， 但结果并不完美	我可以练习，每次练习都会 让事情变得容易一些
这需要花费很长时间	这对我来说太难了	我可以制订一个计划 并且解决它
这太难了，我放弃！	我感觉很糟，我不能 一下子就做到完美	我可以休息一下，并且 在我觉得更平静的时候 再试一次

练习：翻转想法

现在轮到你了！每当不愉快的想法试图阻止你做某件事的时候，就把它写在这里。你能发现为什么你会产生不愉快的想法吗？你可以怎样把它变成充满希望的想法呢？（别忘了，你可以通过查看上一页的内容给自己一些帮助。）

如果你觉得这有点难，试着想象你最好的朋友带着问题来找你：你会给他什么样的建议？

我说了什么？	我真实的想法是什么？	翻转它！

练习：慢慢地平静下来

你可以尝试通过下面的方法让大脑安静下来。这项练习不分场合，家中一把舒适的椅子上，或者清凉的户外，都是尝试的好地方。

★计时 5 分钟，或者播放一首轻松的歌曲。

★保持坐姿舒适。

★闭上眼睛。

★感受每一次吸气的过程，然后是每一次呼气的过程。不要憋气，试着用鼻子慢慢吸气，然后用鼻子慢慢呼气——当你这样做的时候，听听你的呼吸声（这样做的目的是，如果专注在鼻子吸进和呼出空气的声音和感觉上，你的大脑就没有时间去思考其他事情了）。

★如果有其他想法进入你的脑海，不用担心，把思绪重新带回到呼吸上，吸进来，呼出去。

★当计时器响起或音乐结束，缓慢睁开眼睛。

这个练习让你有什么感觉？从下一页的词语中圈出符合你感觉的那些，或给它们涂上颜色。

放松的　　　　　快乐的　　　　　　无聊的

　　　　　　　　　　　沮丧的　　　　　　　　　困倦的
饥饿的

　　　　　　　　　　　　　　担忧的
　　　　　　　愚蠢的
好奇的

　　　　　　　　　　　　　　　　平静的

　　　　这个练习最初可能会让你感觉有点奇怪，但是只要坚持下去，你
会发现这的确是一个可以让你冷静下来的有效方法。

没有干劲儿怎么办？

练习：每天写一篇心情日记

我们很难一下子意识到自己所有不开心的想法，所以试着每天写一篇情绪日记。你可以把它当成秘密，所以不要害怕，写你正在想的和感觉到的每件事。每次都试着写至少一件积极的事情，但如果你正感觉低落，也不要害怕说实话——这都是整理想法的好方法，尤其是当你有很多棘手的事情要思考时。可以不用记录日期——任何时候，当你有想法就可以写进日记。

练习：填满我的快乐罐子

什么能让你快乐？无论大事还是小事，我们都能从中找到快乐。在贝壳里听见海的声音、重要的人给了你一个拥抱、一场有趣的生日会……在小纸条上写下让你快乐的事儿，越多越好。

现在，把小纸条剪下来（注意：剪的时候要当心），然后对折，放进一个空罐子或者盒子里（你可以精心装饰它，直到它看上去会让你感到快乐）。每当有好事发生时，无论大小，都把它写下来，放进罐子里。

　　无论何时你感觉不快乐，就从罐子里拿出一张小纸条，它会给你带来一点幸福感。

让消极想法随风飘走吧

万事开头难，积极思考也是如此。当你有一个消极想法时，不要难过，这并不意味着你失败了。即便是那些看起来一直都很快乐和自信的人，也会有消极的想法。每当它们冒头，就当作一次练习积极思考的机会，久而久之，你就会成为专家。

让消极想法如云朵或气泡般从脑海中穿过，然后飘走。

遇到困难就想逃怎么办？

有时候事情看起来很复杂，但一旦把它们分解，就会发现它们实际上是由很多简单的小步骤组成的，这些小步骤合起来就可以实现最终目标。

画博普这件事就可以被分解为下面五个步骤：

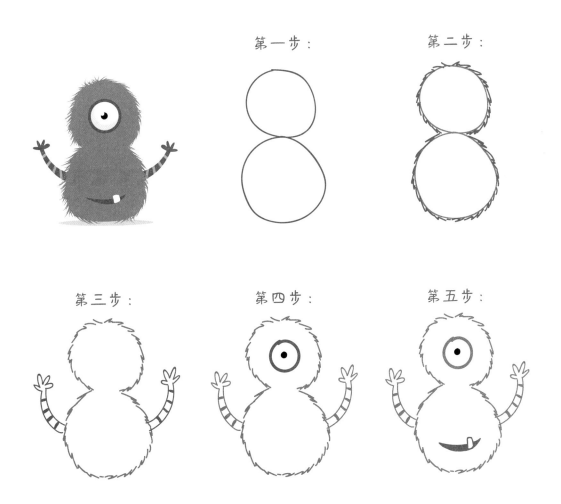

第一步：

第二步：

第三步：

第四步：

第五步：

我们大多数人在生活中都遇到过看起来过于困难的挑战，比如做一道棘手的算术题或读一本很厚但有趣的书。你能想到一些看起来会很难的事吗？怎样把它像上图那样一步一步分解呢？

要想完成那些让你害怕的事，关键在于分步进行。博普一想到要在课堂上大声朗读，就会很担心，就会胃痛。因此，他把这件事分成了几个步骤，从第一小步开始：

★首先，独自默读。一开始，博普感觉害怕，但当他独自默读时，他感觉没那么糟糕。几次之后，他可以一个人轻松地默读这个故事了。

★接下来，独自大声朗读。一开始他感觉有点儿奇怪，但很快就适应了。

★然后，博普邀请一个成年人坐下来，听他朗读。他在读几个词时遇到了困难，但是仍然继续读下去了，而且读得非常好！

★博普对在全班同学面前朗读仍感到担心，因此他决定站在一个成年人面前朗读，这一开始让他感觉不太舒服，所以他试着坐下来，但最终又重新站起来。

★博普邀请老师听他大声朗读。在教室里，他坐在老师的旁边，用一种自信的声音朗读。

★现在博普觉得自己已经准备好了，可以在全班同学面前朗读了。但他还是有点儿紧张，所以只挑了一页来读。对此，他感到非常自豪！

博普的每一步：

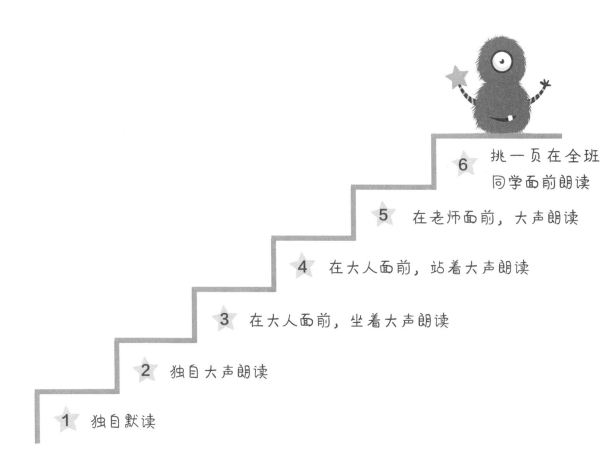

6　挑一页在全班同学面前朗读

5　在老师面前，大声朗读

4　在大人面前，站着大声朗读

3　在大人面前，坐着大声朗读

2　独自大声朗读

1　独自默读

练习：把大目标分解成小步骤

你能画出或写出你在解决问题时是如何分步进行的么？第一步要做你觉得舒服的事情。比如，你想加入一个运动队，就可以从在花园中练习这项运动开始。使用下面的图，它可以帮到你。

记住：在任何一个阶段，你想停留多久都可以！如果你被卡住了，请一个成年人来帮助你。

不同问题需要不同解决方案，但解决问题和增强自尊的关键是分步进行。

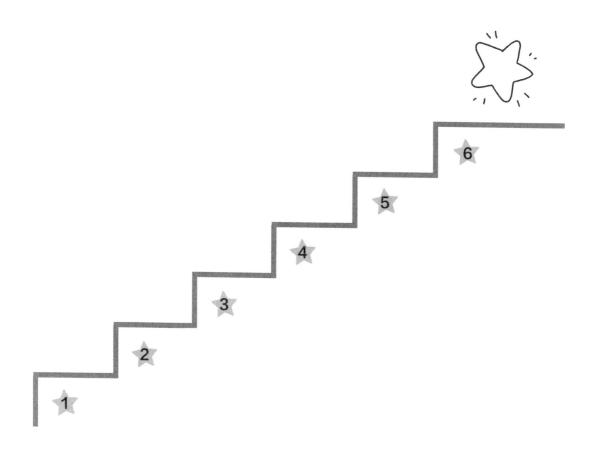

我们以不同的方式去应对某些情况——这些反应被称为行为。学习如何识别那些没有帮助的行为，采取新的行动非常重要，因为这可以让我们保持高自尊，让大脑和身体感觉良好。一旦能控制自己的想法和行为方式，我们也就能控制自己的自尊水平了。

有些不好的行为会降低自尊，改变它们有助于调整我们的自尊水平。有些活动一开始可能让你害怕，但所有事情都可以被分解为几个阶段，然后按照自己的节奏进行。调整自尊水平很难，不能操之过急。你已经做得很好了，应该为自己感到骄傲！

认识让我们感觉糟糕的消极行为

消极的思维会让我们觉得自己不好。为了掩盖这些糟糕的感受，我们有时会做出一些让自己暂时感到安全的行为，但它们对增强自尊没有帮助。在接下来的几页，我们会看到这样的例子，以及相应的解决方案。

逃避： 因为感到有挑战，就躲避或不去行动。

罗茜很想参加足球俱乐部，但她担心其他孩子会嘲笑她，所以她决定还是不去了。

隐藏：把那些让我们与众不同的东西藏起来。

尤瑟夫喜欢读诗、写诗。他认为如果朋友们发现了他的爱好，就会嘲笑他，因此他选择保密。

完美主义：什么事都想做到完美。

亚历克斯在周末没空放松，因为他把所有的时间都花在做家庭作业和家务上。他认为如果自己不把每一件事都做得很出色，他就是个失败的学生，家人和朋友也会不喜欢他。

被动：总在取悦他人，对自己不愿意做的事无法说"不"。常对自己说不友善的话。

法拉允许朋友从她的午餐盒里拿食物，因为她认为这会让她更受欢迎，尽管这意味着她整个下午都会很饿。

咄咄逼人：试图用专横或不友好的方式对待他人，以此掩盖自己的低自尊。

其他孩子在课堂上犯错时，本杰明会大声嘲笑。他觉得令人难堪会让自己感觉很好。

寻求关注：试图让别人说你是一个好人或有趣的人，试图让人们感到对不起你，或做一些冒险的事情以寻求他人的关注。

艾米丽会对有关她自己和家人的事撒谎，因为她觉得这会使她更受欢迎。她会在同学们面前编造自己在周末做过一些危险的活动。

这么做可能会让我们暂时感觉好一点，但从长远来看，它只会让我们感觉更糟，因为这些行为并没有改变那些让我们感觉糟糕的想法，而且自尊也没有机会成长。

改变逃避行为让你越来越勇敢

如果你和罗茜一样，躲在家里不敢去参加活动，就可能错失发现真正会发生什么的机会，自尊水平也无法得到提升；如果去试一试，你就有机会体验乐趣、收获成功，并从中学习。

你能想到自己真正勇敢的那些时候吗？在这里写出来或画出来吧！

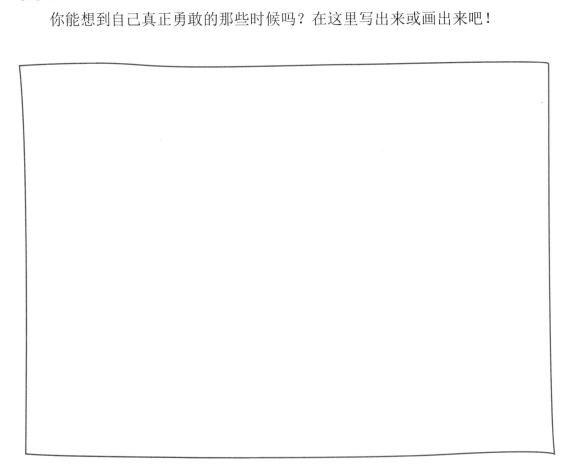

它让你感觉如何？在这里写出来或画出来：

改变隐藏行为让你越来越平静

尤瑟夫认为，如果他的朋友发现他喜欢阅读和写诗就会嘲笑他——你是否也有一些这样的秘密呢？如果你说出它们，真正的朋友会尊重你的，虽然你在某些方面与他们不同，但正是这些不同才让友谊变得有趣。

想一想，你是否曾经了解到某个朋友的惊人之处？在这里写出来或画出来：

它让你感觉如何？在这里写出来或画出来：

你不需要专门做隆重的声明，只要在合适的时机讲出自己的秘密。试着练习一下你可能会说的话，使用下一部分的放松练习来帮助自己平静地说出这句话。

改变完美主义行为让你越来越轻松

你是否和亚历克斯一样，试图把每件事都做得完美无缺，也不向别人寻求帮助？这是否让你感到非常累？世上没有完美的东西，所以期望完美意味着永远达不到"应该"的那样好。为了提升自尊，需要让自己休息一下，并意识到我们只能尽力而为，这就足够了。

想一想，你曾向别人求助的那一刻是怎样的？在这里写出来或画出来：

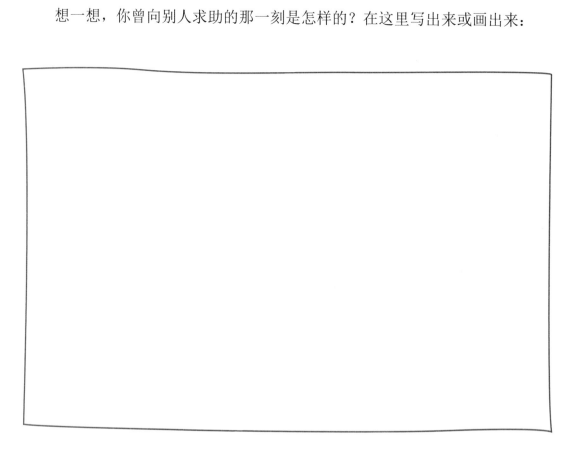

求助之后发生了什么？在这里写出来或画出来：

你也可以分步改变自己的完美主义，将任务分解为可以实现的目标——对一些事情说"不"，并接受你已经足够优秀的事实。如果你没有完全按计划完成这些步骤也没关系。

改变被动行为让你越来越自信

你可能不敢对自己不愿意做的事情说"不"；有时，放任别人的行为，把自己的感受藏在心里反而很容易——但这只会让你的自尊越来越低，因为你开始相信，自己没别人重要。解决办法是要学习如何变得自信。

自信意味着尊重自己和他人。一个自信的人既能为自己考虑并做出选择，也能倾听别人的意见。你可以使用之前学到的翻转想法的技巧来转变不自信的想法。

比如，在学校午餐排队时，有人插队在你前面：

被动想法	被动行为	翻转它！	自信的想法	自信的行为
他们也许应该先吃午饭	让他们先取餐	→	我先来的，我应该先吃上我的午餐	说"不好意思，是我先来的"

想一想，你曾有哪些时刻，接受了本不愿做的事情？在这里写出来或画出来：

接下来发生了什么？在这里写出来或画出来：

我们并不总能提前计划好何时何地将有机会为自己挺身而出，所以，练习并对自己做出承诺会有所帮助。回想一下你刚才写的情境，但这一次我们要改变结局——想象自己表现得很自信（你可以在头脑中这样想，也可以在镜子前表演一下）。然后，当有机会为自己挺身而出时，你就知道该怎么做了。你可能会害羞，也会觉得奇怪，但无论如何，你都可以使用翻转想法的技巧来做到这一点。表现得自信会让别人更好地对待你，也能提升你的自尊心和自信心。

　　你将如何让自己表现得自信？在下页的表格中写下你的计划。

如果你不知道怎么填，回看前面的示范。

被动想法	被动行为	翻转它！	自信的想法	自信的行为
		→		

你可以通过想象下面的情境来练习：

★ 朋友告诉你，他不喜欢某个电视节目，但你却喜欢它；
★ 朋友答应你在午餐时坐在你旁边，但他们似乎忘记了；
★ 在公园里，有人抢了你的球；
★ 一个恶霸对你的朋友很不友善。

下面是一些你可以对自己做出的承诺：

★ 当我知道答案时，我会在课堂上举手示意；
★ 我将在小组讨论中踊跃发言；
★ 我的感觉和想法是重要的，我可以谈论它们；
★ 我可以为自己站出来；
★ 我可以为我的朋友挺身而出。

我承诺⋯⋯

改变咄咄逼人的行为让你赢得尊重

本杰明试图通过对同学指手画脚，来掩盖自卑。但让别人不舒服并不能让他感觉良好——这实际上伤害了他的自尊心。我们学到的关于自信的知识和技巧也能改变攻击行为。

当你觉得自己要攻击别人时，深吸一口气并使用翻转想法的技巧来换得自信的想法。

比如，有人在公园里抢你的球：

攻击想法	攻击行为	翻转它	自信的想法	自信的行为
他们是故意这么做的！	推倒他们，对他们大叫	→	也许他们犯了一个错误，我会和他们谈谈	说"嘿，那是我的球，可以把它给我吗？"

自信意味着尊重自己和他人。一个自信的人，既能为自己考虑并做出选择，也能倾听别人的意见。

自信满满时，我们会考虑到其他人的感受以及我们自己的感受。想一想，你曾有表现得很有攻击性的时刻么？在这里写出来或画出来：

后来发生了什么？你感觉如何？在这里写出来或画出来：

想象一下，如果你表现得自信，你会怎么做，并把它写在下面的表格中。

攻击想法	攻击行为	翻转它	自信的想法	自信的行为
		→		

你可以通过下面的情境来练习：

★一个朋友指出你写的一篇文章中的错误；

★你正在尝试一项新运动，但无法掌握其技巧；

★你在学校参加了一个小组活动，此时正在决定分工。

改变寻求关注的行为让你越来越积极

　　你是否也曾像艾米丽一样，试图让人们看到你、为你难过，或说些关于你的好话来让你感觉好一点儿？成为人们关注的焦点可能让你感觉很好，但如果自尊很低，这些良好的感觉会随着注意的减退而消失——只有你自己才能提升自尊心。

　　想一想，你有寻求关注的习惯吗？在这里写出来或画出来：

　　（比如，当朋友受表扬时，艾米丽觉得自己有点儿被冷落了，所以她开始大声抱怨自己的手臂受伤了，这样老师就能注意到她。）

为了改变寻求关注的行为，我们需要慢慢打破这些习惯。

在一周的时间里，记下你每一次寻求注意的行为，以及当时的情况，写下你所做的事，看看这些事出现得有多频繁——别担心，你不必向任何人展示这个表格。

星期一	
星期二	
星期三	
星期四	
星期五	
星期六	
星期天	

当你觉得需要以一种寻求关注的方式行事时，可以尝试先腾出几分钟做点儿其他事，比如：

★ 数到 100；

★ 在脑子里唱你最喜欢的歌；

★ 尝试在身边找到彩虹的每一种颜色。

这能让你更平静，然后，你可能会发现自己其实不再那么想做寻求关注的事了。

你也可以设定一个限制，规定自己每天可以做多少次——回看上一页的表格，你能否在下周将它们出现的次数减少一半？

如果你想要或需要有人注意到你，那也没关系！你可以寻求帮助，或者做一些引以为傲的事。试着表现得自信——为自己考虑，也为他人着想，因为每个人都值得和你一样多的关注。

如果你能提升自尊，减少寻求关注的行为，就会发现周围的人将以更积极的方式关注你，而且当别人得到关注时，你也不再会感到忌妒。

花时间做你喜欢的事，而不是别人认为你该做的事。你和你的朋友，以及家里的其他成员一样重要，所以抽出时间与朋友一起放松和玩耍，或享受独处时光，这些都是帮你感到快乐的好办法。逃避从来不是解决问题的答案。所以，如果你确实想抽出一些时间，请让它变得积极起来！

害怕失败很紧张怎么办？

想象一下，你拿着一个非常小而且非常珍贵的东西，如一颗宝石。用力握紧它……现在，放手。

握紧双手时，你是否感觉整个身体发生了变化？这就是紧张——当我们感到不安或担心时，我们常常会紧张。放手时的感觉就是放松。

学习一些技巧可以帮助我们消除紧张，得到放松。

练习：像树一样呼吸

吸气，想象你的鼻子是这棵树的树干。让空气一直向上扩散，扩散到每一根树枝，直到每一个花蕾绽放。现在呼气，回到树的根部。这样做五次，它会让你感到平静、有控制感。

感到压力时，你可以尝试做下面的事：

★ 数一数你在花园里能找到多少种叶子；

★ 写一首诗；

★ 重读你喜欢的书；

★ 画一幅自画像；

★ 写下你梦想中的乐园——乐园中有什么？你能听到什么？闻到什么？感
　受到什么？看到什么？

★ 画一画你窗外的风景；

★ 将小玩具、珠子或纽扣分门别类；

★ 听音乐；

★ 小憩一下；

★ 看一些艺术作品；

★ 给某个特别的人写一封信；

★ 抚摸你的宠物；

★ 唱歌；

★ 讲一个有趣的笑话；

★ 用吸管喝一大杯水。

练习：涂鸦挑战

在每个空白处涂上颜色——唯一的规则是不能让两个相同的颜色靠在一起。

练习：聊聊我担心的事儿

如果有一个让你担心的念头在脑海里转来转去，那就把它说出来吧！

如果你觉得不好意思，也可以把它写下来：

_____

_____

_____

_____

_____

_____

_____

_____

_____

与一个可信任的人分享忧虑并谈论它，你会感觉更好，你们可以一起想办法解决这个问题。

忘掉比留下更好

★当想法填满了我们的脑袋，尤其是当很多不同的想法都试图引起我
们注意的时候，它们会变得很吵！
★随身带一个笔记本，这样你就可以写下吵闹的想法——一旦被记在
本子里，它们就可以被脑袋忘掉。

练习：给自己鼓鼓劲儿

你能把这些句子补全吗？

★ 当我_____时，我很骄傲。

★ 今天我在做_____时，表现得很好。

★ 我很期待_____

★ 当_____的时候，我觉得很快乐。

你的烦恼不孤单

大多数孩子会不时地对自己感到沮丧，很多像你一样的孩子通过勇敢地改变对自己和周围世界的看法，提升了自尊。

8 岁的鲁比："一想到运动会，我就很担心。我讨厌跑步。因为它是世界上最糟糕的事情。但是，当我比完赛后，这种想法就结束了，为我们的团队加油很有趣。我们获得了第二名。明年我就不会那么担心了。"

10 岁的杰克："去年，我的两个最好的朋友经常把我排除在外。我曾经以为是因为我很无聊，但现在我交了新朋友，他们不会把我排除在外，我也不再那么想了。"

11 岁的阿梅纳："我被欺负了很久；欺负我的人说我很胖，我不应该出现。有一段时间，我认为他们是对的。现在我知道，我的身体没有任何问题，他们才是错的。"

9 岁的卡勒姆："当我在一次考试中仅得到 B 的成绩时，我真的对自己很生气。我的朋友也得了 B，但他对此感到高兴。"

8 岁的菲比："在学校的舞台上表演或在很多人面前讲话会让我很紧张，但当我表演或发言时，我却很享受。"

7 岁的阿里："我参加了一个生日聚会，之后就生病了，为了避免再次生病，我再没参加过任何生日聚会。直到后来我去参加了姐姐的聚会，那次我没有生病，所以我现在感觉好多了。"

11 岁的贝瑟妮："我在学校很害羞。其他孩子都比我聪明，我曾因担心自己会犯错，所以不敢在课堂上举手回答问题。数学是我最喜欢的科目，所以在数学课上，我会更有信心，也更愿意举手。当我尽力而为的时候，我感觉很好。"

11 岁的艾哈迈德："我有阅读障碍，阅读对我来说很困难。我不想让我的朋友知道这件事，所以当我看到他们在看书时，我就会取笑他们。现在我的老师在班上讲了所有关于阅读障碍的知识，我不再为此感到尴尬，我也不需要通过取笑朋友来让自己感觉好些了。"

7 岁的蒂莉："当我戴上眼镜时，我觉得自己看起来很傻，我认为我的朋友会嘲笑我。所以我假装生病，这样我就不用去学校了。但当我去学校时，我的朋友们认为我的眼镜看起来非常酷！"

害羞胆小
不合群怎么办?

生活在地球上的每一个人都是独特的。从我们吃什么样的早餐到我们害怕什么，没有两个人是完全相同的。

有些差异你能看到，但有些则看不出来。

大部分能够被看到的差异并不能说明我们的内心是什么样的人。不能因为博普有很多毛，就认为他和其他毛茸茸的小怪兽喜欢的事情相同或者想法相同。

有些差异感觉很大，是因为我们可以清楚地看到它们。比如男孩和女孩、有雀斑的人和没有雀斑的人、残疾人和健全的人、卷发的人和直发的人……我们的身体有点不同，仅此而已。每个人都在用独特的方式做自己。

想象一下你的一位好朋友——你们有哪些相同点？哪些不同点？在这里把关于你和朋友的特点（如头发的颜色、最喜欢的电视节目、最擅长的学科）画出来或者写出来：

经常一起玩儿的伙伴不一定是真正的朋友

　　真正的朋友像钻石一样珍贵，我们很喜欢和他们待在一起。然而，有些人自称是朋友，但我们并不愿意花时间与之相处，甚至可能受到他们的欺负——待在一起的时间很多，或自称是朋友的人，并不一定真的就是朋友！虚假的朋友就像伪装的恶霸。低自尊有时意味着我们要忍受那些自认为是我们朋友的人的不友好对待。但是请记住：我们没必要花时间和那些对我们不友好，或让我们觉得自己很糟糕的人待在一起。

真朋友：

★ 愿意倾听
★ 说话友善
★ 支持你
★ 包容你
★ 让你觉得自己很好

假朋友：

★ 忽视你
★ 排挤你
★ 伤害你
★ 捉弄你或让你难受
★ 让你觉得自己很糟糕

　　如果你被欺负了，请记住，这不是你的错！和一位你信任的大人聊一聊发生了什么事情。你很重要，你应该得到尊重。

练习：我的特点有什么

有很多好朋友在身边有助于提升自尊，正因如此，请一定记得你也是一个非常棒的朋友！

在下面的勋章中填写你是如何当一个好朋友的，比如"我是一个好的倾听者"，然后你可以剪下勋章（但是要小心点），用它们装饰你的日记本，或者贴在硬纸板上，配一个夹子或者安全别针戴在身上！

不如别人做得好怎么办？

看到朋友的优点很容易，但对自己产生善意的想法有时有些困难。怎样与你最好的朋友交谈，就怎样与自己交谈。记住，如果有人比你骑车更快、画得更好或游得更远，那通常是因为他们练习得更多。如果你感到沮丧，休息一下，但不要放弃。

如果你喜欢某件事，那么在做这件事时产生的乐趣才是重要的部分。你不需要事事都做到最好！

如果你想把你喜欢的活动或爱好做得像你希望的那样好，最好的办法就是多练习，即使是奥运游泳冠军也不得不从狗刨开始练习！

> 犯错意味着你在尝试，从每一个错误中，我们都能学到新东西。

你就是大明星！你的家人和朋友都爱着你，因为你的个性鲜明而独特，要让自己发光发热！

练习：我擅长的五件事

你的技能是什么？每个人都有自己擅长的事，也许你跑步很快、讲笑话超有趣，或者在配色方面很有天赋，把它们列出来会让你为自己感到骄傲。在下面的空格中写下你擅长的五件事：

在哪些事上，你是专家？比如，"我对某个游戏了如指掌"或"我是一位出色的宠物主人，因为……"，把它们写出来或画出来：

练习：你最好的朋友会用哪三个词来形容你

现在，写下你想提升哪些技能：

_____

_____

_____

_____

_____

_____

_____

_____

为了提升这些技能，你可以做什么？

_____

_____

_____

_____

_____

_____

_____

_____

现在，写下你还没有掌握的技能：

_____

_____

_____

_____

_____

_____

_____

你要如何才能学会它们？

_____

_____

_____

_____

_____

_____

_____

假设你的所有同学都认为蛋糕是最好吃的东西，但你却更喜欢吃冰淇淋。谁是对的？谁都不是……但也都是！你不一定要和其他人的想法一样；朋友们不一定要在所有事情上达成一致——事实上，当人们有不同的意见时会更有趣。

没有两个人是完全一样的，即便双胞胎也是如此！我们都是独一无二的，都有自己的特点，你和你遇到的每个人都会有一些相似之处和不同之处。

不要害怕提出不同意见，也不要害怕去改变你的想法！

练习：意见不同就勇敢说出来

你能回想起曾与朋友发生分歧的时刻吗？

_____

_____

_____

_____

_____

_____

现在想一想，在哪些事情上你曾改变了自己的主意？

_____

_____

_____

_____

_____

_____

你的身体很美妙。它由大约 37 万亿个细胞组成，所有细胞一起工作，使你呼吸、欢笑、歌唱和跳舞；你的心脏每天跳动超过 10 万次；信息通过神经到达大脑，速度高达每小时 270 千米。

随着年龄的增长，你的身体发生了变化，开始成长为一个成年人，这可能使你感到担心或尴尬——记住：每个人都会经历这些变化，你绝不是唯一一个。

对自己的身体感到害羞很正常，请记住：没有你的许可，任何人都不可以看到或触摸你的身体。

你可以随时向父母或值得信赖的老师谈及任何困扰你的事情。

有些人认为吸引力很重要，但它会跟你捉迷藏吗？能与你共享午夜的盛宴吗？能在你心情不好的时候，给你一个拥抱吗？不能。只有当我们享受自己精彩而独特的个性时，才能做到这些。

你的身体、你的脸、你的微笑……你的全部，从你的头发到你的脚尖，都恰好适合你。

请记住：专注于自己的快乐比浪费时间去取悦别人重要得多。

练习：欣赏自己独特的魅力

你能写出或画出对自己身体最满意的三个地方吗？（当然，写三处以上也可以！）比如，我的卷发、我强壮的腿、我的大脑袋……

你对自己身体的哪个部分最自信？每个人都有不同的答案。

没有人是完美的

我们在电视和杂志上看到的很多人，就像来自完美星球的外星人，如果把自己和他们比较，可能会影响我们的自尊。你知道吗，是特殊的灯光和电脑技巧才让他们看起来如此完美！在现实生活中，他们也只是普通人而已。最优秀的、最风趣的人，其实是那些让自己穿着和表现最舒适的人。

如果有人试图评价你的长相，让你感觉不好，要改变的不是你的身体、脸、衣服或头发，而是他们的态度。

如果你对自己的外表感到不满意，请记住：没有完美的东西。把身体当作独特而宝贵的财富，因为它本来就是！

我超厉害

我是独一无二的

我是大明星

与众不同是件很酷的事

我感到自豪

没有人可以贬低我

我很了不起

爱自己很重要

向未来出发！

制订计划强健体魄

照顾自己的身体是非常重要的！很多简单的方法有助于保持健康。

你会多少种运动？不仅限于运动——散步、捉迷藏、爬树和跳舞也都可以。任何时候，只要你的身体在运动都算！能想到多少就写多少：

在博普旁边画出你自己！

★ 你能每天运动一个小时吗？

★ 你可以像这样把运动时间加起来：15 分钟步行 +20 分钟捉迷藏 +25 分钟爬树 =1 小时运动

锻炼不仅有助于保持身体健康，运动时，大脑还会释放一些特殊的化学物质，它会让你感觉快乐！

偶尔吃点儿巧克力或薯片让你感觉不错，但如果每天吃大量的、美味的健康食品，会让你感觉更好，还可以给你提供充足的能量去做喜欢的事。

你最喜欢的水果和蔬菜是什么？用你喜欢的水果和蔬菜，分别在下面的盘子里画一座塔——哪一座塔更高？

试着每天都吃至少五大口水果或蔬菜。

人体中 60% 以上是水，而当我们呼吸、出汗、哭泣或上厕所时，我们在不断地失去水。

孩子们每天需要六到八杯水来保持健康，喝充足的水有助于成长、玩耍和学习。

你知道吗？

自古以来，地球上的水量一直没变。它不断被循环利用，所以我们今天喝的、用的水，与恐龙喝过的水是由同样的分子组成的！

疲惫的感觉很难受！当我们睡得很好时，我们会感觉更快乐。你的卧室是什么样的？你能在这里画出来么？

我的卧室

尽量保证每晚都有充足的睡眠。

如果你的卧室很整洁，到处都是对你来说很有趣的东西，那它将是一个放松和平静的地方。如果你的房间有点杂乱，为什么不把东西分类，把不再玩的玩具捐给慈善机构？这样，你会有更多空间来享受你喜欢的玩具和游戏。

你存在入睡困难吗？试试这个技巧：

当你躺在床上，裹在被子里舒服地躺着时，想想你的耳垂。它们有什么感觉？你的下巴呢？闭上眼睛，慢慢地检查身体的每个部分，从头顶到脚底。这会让你放松下来，逐渐进入梦乡。

书中的练习可以帮你提升自尊，并教给你保持高自尊的技巧。做得好！你已经取得了很大进步。

现在，你已经了解了所有关于自尊的知识，并理解了思想和感觉是如何运作的，可以把它们运用到日常生活中去了。

如果你有时感到自己的自尊仍然不够高，不要担心，这很正常——你可以随时再看看这本书，与信任的成年人交谈，或者只是休息一下，让自己放松下来。

练习：想象长大后的样子

你长大后想做什么？这个问题不仅限于职业和工作。画下来或者写下来你希望自己长大后成为一个什么样的人。

你想住在哪儿？你会喜欢做什么？你会养什么宠物？

和你一起学习有关自尊的知识，让博普度过了一段愉快的时光，你呢？你可以随时回来看看这本书，以提醒自己自尊是如何运作的，或者看看你已经完成的练习。

　　你应该为自己做的所有努力感到非常骄傲——再见，祝你好运！

致父母：

还可以做些什么？

　　你能做的最好的事情就是树立一个好榜样。在孩子面前善意地谈论自己，即使你觉得他们没有在听！他们有时可能不愿意承认，但你确实是孩子的榜样，他们会从你的行为举止中学习如何成为一个成年人。尽量不要关注外表或其他人的想法，照顾好自己的心理健康，培养自己的兴趣，让他们知道你也是特别的、独一无二的。

　　面对问题时，尽量用积极的、建设性的语言——不要马上去追究是谁的责任或思考如何避免问题。仔细观察情况，想办法把事情解决好。

　　向孩子示范，作为一个成年人，你仍然在学习和尝试新事物。如果你正在学习一项新技能，向他们展示或讲述你第一次尝试的经历。当我们能提供真实的例子时，孩子们就能更好地理解抽象概念。因此，可以聊聊你花了多长时间才通过驾驶考试，或者展示他们婴儿时的照

片，并谈谈他们从那时起学会了做什么。

与孩子谈论人的多样性，教他们如何对他人表示尊重。如果孩子能够欣赏他们所遇到的人的不同之处，他们就更容易相信自己的独特性。

当孩子怀疑自己的能力时，你可能很想夸奖和赞美他们所做的一切——但是，他们很快就会对这种"策略"了如指掌。相反，试着具体地表扬他们——例如，如果他们画了一幅很好的画，就赞扬他们对细节的关注，或者问他们对画中某一部分的想法。对他们的兴趣好奇，他们就会享受成为专家的感觉。

如果你知道他们正在努力，或者没有尽全力，则可以建议他们用一些改进的小方法，或者把过程分为几个小步骤进行。

同辈压力在这个年龄段可能会很强大，所以要让孩子知道，他们是特别的，他们是很棒的。尽量温和地鼓励他们向积极的榜样靠近，并通过鼓舞人心的书籍、电影和活动培养他们的想象力。

我真切地希望本书的知识和练习能够帮到你。当孩子看不到他们真正的出色之处时，总会感到遗憾，而你帮助并支持他们克服自卑感，你完成了一件了不起的事。

　　最后，如果你担心孩子的心理健康，请与医生讨论。虽然几乎所有孩子都会自卑，但有些孩子可能需要额外的帮助。